Aldo J. Méndez, Carlos Cano y Hernán Milla

Canciones y palabras

Ilustraciones: Inés Vilpi

Edita: Veleta Roja & Editorial Cuarto Centenario

Poesía: Aldo Javier Méndez Camacho

Ilustración: Inés Vílchez Pineda

Música: Carlos Cano Escribá y Hernán Milla González

Textos didácticos: Aldo J. Méndez, Carlos Cano, Hernán Milla, Silvia A. Fernández, Celia González y Nicolás Milla

Fotografías: iStock.com/yenwen, página 18 / Charles Chabot, página 20 / "La gran ola de Kanagawa", © Museu Nacional d'Art de Catalunya, Barcelona 2015. Foto: Jordi Calveras, página 24 / Joaquín Sorolla Bastida, "Madre", 1900 Óleo sobre lienzo, 125 x 169 cm Firmado "J. Sorolla Bastida" Museo Sorolla, Nº inv. 324, página 30 / © rossiagung/Fotolia, página 31 / © Veleta Roja, páginas 35, 41, 46b / "Los girasoles" bpk | Bayerische Staatsgemäldesammlungen, página 39 / Bernardo Ballesteros, página 46a / Julia Giménez (a y c) y José Manuel Reloid (b) - Sociedad Albacetense de Ornitología, página 50 / arcomusical.com, página 51 / Dominio Público, página 53 / David Seaford © 123RF.com, página 54

Diseño: IMP Comunicación

Fotomecánica e impresión: AGSM

ISBN: 978-84-942669-6-6

Depósito legal: TO 1350-2015

"Canciones y palabras" representa un crisol de valores artísticos que toman forma unidos a la solidaridad, al desarrollo de capacidades, al disfrute, a la curiosidad, la sugerencia y, especialmente, a la comunicación entre las personas. Valores de gran calado educativo que, sin pretender una ubicación curricular definida, constituyen un valioso soporte tanto para instituciones escolares como para el contexto familiar: primera célula social.

La obra tiene ingredientes que recrean la infancia, la imaginación, las preguntas de los primeros años de vida o el afecto de los abuelos, integrando todo ello desde el prisma de lo cotidiano.

Cada vez son más los estudios que avalan los efectos positivos de la educación emocional en el rendimiento académico o en la disminución de los índices de conflictividad. Nunca como ahora se ha escrito tanto sobre el desarrollo de la inteligencia emocional y las inteligencias múltiples, las cuales constituyen la base para el desarrollo armónico de la personalidad.

Este **libro-cd** combina soportes básicos de la comunicación: el lenguaje verbal y el lenguaje musical. El primero a modo de secuencias en una narración que, siendo y pareciendo de niños, quiere a la vez ser metáfora del ser humano y su capacidad para inventar. La música utiliza como soporte los textos poéticos y evoca una amplia gama de sensaciones, presentando una gran riqueza estilística y de fuentes de inspiración: la diversidad étnica y cultural, el guiño a los grandes compositores de la tradición europea, la variedad instrumental y, lo más significativo, la complicidad de un gran número de personas, que han querido aportar su cálido potencial interpretativo y creativo.

La riqueza que encierra este proyecto se extiende también a otras áreas; es difícil poner fronteras a lo que surge de manera espontánea en el ámbito de la expresión y la creación. La versatilidad de los textos, las lúdicas y coloridas ilustraciones y la sugestiva música nos invitan a recorrer, de la mano de los autores, las experiencias y sensaciones que ellos tuvieron durante el proceso creativo. La propuesta didáctica nos ayuda a entender ideas o matices de la obra, a sentir curiosidad, a expresarnos, a descubrirnos y a disfrutar plenamente de su contenido.

Por la original manera de engarzar la poesía y la música, por la amplia propuesta de actividades y por la capacidad de avivar múltiples respuestas creativas, la obra **"Canciones y palabras"** es una apuesta de indudable valor artístico y didáctico, que aúna distintas facetas del arte en una atmósfera idónea para sentir, para expresarse y para emocionar.

María Rosario Irisarri Juste
Decana de la Facultad de Educación
de la Universidad de Castilla-La Mancha

DE LAS PALABRAS, LAS CANCIONES Y LOS CAMINOS

Estos poemas nacieron con la clara vocación de volar como cocuyos* encendidos en todos los rincones donde hubiese oscuridad: la noche, el miedo, la soledad, la tristeza, las pesadillas, el desamparo… Los versos se fueron juntando en un juego de ritmos y colores, sin otra intención que cantar y vibrar como lo hacen las palabras cuando estallan libres en la voz de quien las dice.

El poeta iba por la vida haciendo trillos** con sus poemas y sus pasos hasta que un día, en una encrucijada, le sorprendieron unos músicos y sus anhelos. Ellos venían dibujando estelas de notas y acordes y él, por su parte, andaba un tanto solo regalando sus creaciones con ritmo y sin melodía; entonces sucedió como en los cuentos: nació Veleta Roja; una casa con muchas ventanas y sin techo por donde entran y salen los vientos del optimismo, la ilusión y la esperanza.

Gracias a este azar que cruzó y tejió los caminos, ha nacido esta obra que tiene como ingredientes especiales la imaginación, el juego, el trabajo y el empeño. Es más que un poemario colorido y juguetón, es un disco y es una propuesta didáctica para mirar la música, la poesía, la vida y el arte desde otros lugares y sentirlas como un motor que dispara la capacidad de reinventar el mundo.

"Canciones y palabras" ha nacido para cantar y para jugar con la voz, con el cuerpo, con la fantasía, con los sonidos, con los colores, con las palabras, con el recuerdo, con todo lo que tengas a mano y con quien tengas cerca para seguir creciendo juntos, soñando juntos, creando juntos: una hermosa manera de encontrar caminos nuevos e iluminar los rincones oscuros para ser libres y felices.

---

*cocuyo: insecto de color marrón oscuro o negro parecido a la luciérnaga que, en la noche, desprende una luz en tonos verdosos o azulados.
**trillo: además de dar nombre al instrumento para trillar, esta palabra define una senda o camino muy estrecho.

Canta con nosotros

www.veletaroja.org

Índice

1. Juego / pág. 8
2. Canto / pág. 12
3. Concierto / pág. 16
4. Acertijo / pág. 22
5. Susurros / pág. 28
6. Palabrinventos / pág. 32
7. Rimijugando / pág. 37
8. Ronda Vieja / pág. 42
9. Amor / pág. 47
10. Ronda / pág. 52

Comparte con nosotros tus experiencias escribiéndonos a **comparte@veletaroja.org**

Descubre qué hay tras los **códigos QR** escaneando con un smartphone

JUEGO

Juego a descubrir un grillo
por mi trillo.

Juego a atrapar un cocuyo
pero es tuyo.

Juego a plantar manzanilla
en esta orilla.

Juego a inventar de tu danza,
mi esperanza.

Juego a hacer de mi alegría:
poesía.

El canto de los pájaros y el suave murmullo del agua te dan la bienvenida a *"Canciones y Palabras"*. Acercarnos a la naturaleza nos enseña, nos relaja y nos abre la puerta a sus grandes secretos, su diversidad, sus contrastes y sus cambios.

¿Has observado cuántos de estos cambios se repiten una y otra vez? Las estaciones, las fases de la luna, las mareas, la **migración** de las aves…

Los seres humanos, al igual que las aves, migran: parten desde su sitio de origen a lugares a veces desconocidos y lejanos. En ese viaje llevan consigo sus costumbres, sus cuentos, sus bailes y su música.

¿Alguna vez has escuchado hablar de los **ritmos de ida y vuelta**? Estos bailes, juegos, cantos y música que los emigrantes españoles se llevaron a América se transformaron y regresaron a España con otro aspecto, con otros atributos.

Uno de estos ritmos fue el **zapateado**; no se sabe muy bien de qué parte de España salió, pero sí que viajó a muchas regiones de América para luego regresar de vuelta. En Cuba adoptó el nombre de **zapateo**. "Juego" es un ejemplo de este ritmo que curiosamente está inspirado en una obra de un compositor español: **Manuel de Falla**.

El arte, como la vida, es un continuo ir y venir.

Como todo juego, este poema pone las cosas un poco "patas arriba"; aunque contiene palabras que riman, los versos no tienen siempre la misma métrica.

¿Qué es métrica? ¿Qué es rima?

La **métrica** tiene que ver con la medida de los versos. Los versos se miden contando las sílabas.

La **rima** se refiere al sonido y no siempre es igual: cuando en dos o más palabras coinciden todas las letras a partir de la última sílaba acentuada, decimos que tienen **rima consonante**, como "grillo" y "trillo"; en cambio, si sólo coinciden las vocales, estamos hablando de **rima asonante**, como "cara" y "alma".

Además de "trillo" y "grillo", en el poema hay otras palabras que tienen rima consonante. Encuéntralas. Cuando las tengas, es el momento de jugar con "Juego".

Primero selecciona cinco pares de palabras que tengan rima consonante, por ejemplo "perro" y "cerro" o "silla" y "villa".

Luego busca cinco verbos en infinitivo como "pasear", "encontrar" o "dormir".

A continuación, manteniendo la palabra "juego" y utilizando como base los versos del poema, sustituye el infinitivo y las dos palabras que riman. Este sería un ejemplo:

Juego a pasear al perro, por un cerro.

Todos somos capaces de sentir las más diversas emociones, pero no siempre sabemos nombrarlas.

Al principio de "Juego" tal vez sientas una especie de tristeza, se llama **melancolía**; después la música se vuelve festiva y es posible que te transmita alegría. ¿Qué otras emociones te provoca?

Nosotros te proponemos éstas:

 Satisfacción   ☐ Rabia   ☐ Diversión   Enfado

¿Cuáles se relacionan con la canción? ¿Has sentido alguna otra?

Ahora viene algo aún más difícil: ¡describir una emoción! ¿Con qué palabras, con qué colores, con qué música describirías, por ejemplo, la alegría?

==Te conocerás mejor en la medida en que conozcas tus emociones.==

Si además eres capaz de explicarlas y expresarlas claramente, las personas que te rodean entenderán tus estados de ánimo.

Presta atención a la trompeta que suena en la canción: Manuel, el trompetista, sin miedo a equivocarse, improvisó su parte; fue capaz de decir con música lo que sentía. Haz como él, exprésate y proponte nombrar las emociones que te despierte cada poema, ilustración o canción de este libro. Así, poco a poco, expresarte se convertirá en una necesidad y serás más feliz.

CANTO

Juega que juega en la orilla
para enamorar al mar.
Una caracola brilla,
pedacito de cristal.

Es la caracola fiesta,
suspiro y danza del mar.
Brilla brillando coqueta
que es su modo de cantar.

Pista Nº 2

Este poema es como el agua de un río: cambia y se renueva constantemente. Escucha con atención las pistas que nos dejan los instrumentos musicales y podrás percibirlo.

Fíjate en el primer verso del poema: "Juega que juega…"
¿Qué otras acciones te va sugiriendo la música en cada momento?

Si no coincide con lo que cantan nuestras chicas no te preocupes, es divertido escuchar y llegar a tu propia conclusión. Lo importante es que puedas explicar lo que has interpretado.

A veces tenemos emociones encontradas, nuestros sentimientos se entrelazan: podemos tener ganas de llorar y reír, de saltar y bailar, de sonreír y gritar.

En el minuto 4:15 de la canción, todos esos cambios de ánimo ocurren de forma muy seguida y la música lo refleja con un **canon**, que es un juego musical en el que una melodía persigue a otra.

En el 1:42 la atmósfera cambia de color y nos produce una sensación parecida a cuando contemplamos una foto en blanco y negro. En música esto se llama **modo menor**.

¿Qué experimentas tú? ¿Recuerdas otras músicas, dibujos, fotografías o historias que te provoquen las mismas sensaciones?

Escribir **variaciones** ha sido una de las actividades favoritas de los músicos. Hernán compuso esta canción a partir de un tema del compositor francés **Antoine Forqueray**.

Elige el tema que quieras y compón tus propias variaciones, esta vez con las artes plásticas. Por ejemplo: puedes fotografiar o dibujar un paisaje en diferentes momentos del día o hacer retratos de personas con diferentes expresiones.

Observa la ilustración que Inés ha dibujado para este poema e imagina que pones una caracola en tu oreja: piensa en la caracola riendo alegremente mientras el mar la hace rodar por la playa. Ahora imagina que la caracola está triste. ¿Qué puede haberle ocurrido a la caracola en cada momento para sentirse así?

La capacidad de identificarse con alguien y compartir sus sentimientos se llama **empatía**. Intenta ponerte en el lugar de tus amigos, tus primos, tus padres, incluso en el de aquellas personas con las que hayas discutido alguna vez.

Te proponemos un juego: expresar y representar nuestras emociones.

Busca tarjetas en blanco y repártelas entre varias personas.

Uno de los jugadores escribirá, en secreto, una emoción y la representará mediante mímica y sonidos. Los demás deberán imitar y adivinar de qué se trata. El primero que acierte escribirá una nueva emoción y continuará el juego.

Las palabras tienen su propia música; las que tienen un solo golpe de voz se llaman **monosílabas**. El maestro y narrador **Federico Martín Nebrás** nos enseñó un modo de divertirnos con este tipo de palabras:

Lee con atención y descubre una palabra monosílaba muy importante en el poema.

A continuación piensa en otras monosílabas que te gustaría introducir en el paisaje de la ilustración y haz una lista con todas ellas, ordenándolas como tú quieras.

Encadénalas ahora con la preposición "de", siguiendo el ejemplo, pero usando tus propias palabras: así tendrás tu primera estrofa.

Para la segunda estrofa puedes variar el orden de las palabras como te sugerimos:

Repítelo dando una palmada en cada palabra que has elegido: no siempre tienen rima, pero tienen ritmo. ¡Además de componer un poema estás haciendo música!

==La poesía y la música son hermanas.==

CONCIERTO

La lluvia soprano
y el sapo tenor
hoy, desde temprano,
cantan al amor.

Rara letanía
tienen esos dos,
ella desafina,
él es un gritón.

CROO... CROO...

El sol, ofendido,
su cara encendió.
El sapo se ha ido,
la lluvia siguió.

Se armó un arcoíris,
en la confusión,
cuando se juntaron
la lluvia y el sol.

Hay muchas historias hermosas sobre el nacimiento del arcoíris: que si una discusión de los colores, que si un regalo del relámpago a un hombre muy pobre, que si una nube envidiosa o una gota curiosa. Aldo inventó la suya: "Concierto".

Unos personajes, un conflicto, un guión, un decorado… ¡sólo falta la música para tener una escena de **ópera**!

El poema nos habla de dos tipos de voces diferentes: **soprano** y **tenor**. Aldo ha olvidado nombrar la voz del sol. ¿Sabes cómo se llama este tipo de voz?

En esta pequeña ópera los personajes cantan acompañados por un **cuarteto de cuerda**: dos **violines**, **viola** y **violonchelo**. Cuentan con un invitado especial, el **piano**.

Los instrumentos de cuerda, durante la afinación, producen sonoridades mágicas. El compositor húngaro **Franz Liszt** las recrea en su obra "Vals Mephisto".

Después de escuchar "Concierto", descubre la semejanza con la pieza de Liszt.

¿A que te dan ganas de saltar con esta canción? Este ritmo es característico de una danza muy viva llamada **tarantela** y está asociado a una ciudad del sur de Italia llamada Taranto. Esta ciudad también sirvió para bautizar a una especie de arañas: las tarántulas. Si te pica una tarántula… ¿bailas una tarantela?

¡Invita a tus amigos porque vamos a representar esta ópera!

Te dejamos algunas ideas:

- La lluvia es una bailarina que danza ligeramente. Es presumida, coqueta, risueña y nerviosa.
- El sapo es torpe pero gracioso, es un galán diferente. Es apasionado, pero sólo croa para llamar la atención de la lluvia.
- El sol es autoritario, tiene mucho carácter y se enfada fácilmente.
- Puedes disfrazarte y usar una máscara para cada personaje. Descarga las plantillas en nuestra web y decóralas a tu gusto.
- Utiliza todo tu cuerpo e improvisa los movimientos.
- Piensa cómo bailaría la lluvia con el sapo y cómo lo haría con el sol.
- Para el arcoíris puedes utilizar pompas de jabón o cintas de colores.
- Si cuentas con siete amigos más, ellos pueden representarlo y juntarse a medida que la lluvia y el sol se acercan.

En esta ópera los personajes son extravagantes como **bufones**, actúan de forma divertida, exagerada y a veces ridícula.

¿Sabías que existe un subgénero de la ópera que se llama **ópera bufa**?

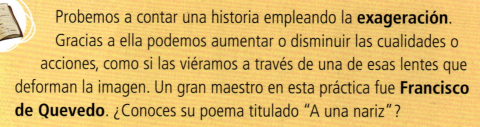

Probemos a contar una historia empleando la **exageración**. Gracias a ella podemos aumentar o disminuir las cualidades o acciones, como si las viéramos a través de una de esas lentes que deforman la imagen. Un gran maestro en esta práctica fue **Francisco de Quevedo**. ¿Conoces su poema titulado "A una nariz"?

Inspirado en el poema de Quevedo, puedes intentar escribir un poema exagerando diferentes partes del cuerpo. Rimar puede resultar complicado, pero no es imposible. ¡Adelante!

La **caricatura** es un arte que se basa en la exageración de las facciones y el aspecto de alguien. Crea la de los personajes de la ópera y dibuja un cómic.

La lluvia y el sapo cantando al amor.

El sol ofendido.

El sapo se va y la lluvia sigue.

Se forma el arcoíris.

ACERTIJO

La mar y el mar se adoraron
con tan ardiente pasión
que para siempre se ataron
en un tremendo apretón.

La mar enseña a las olas
tibia cadencia al andar
y el azul que te enamora
es discípulo del mar.

Los dos son uno,
uno los dos,
para el regreso,
para el adiós.

Pista Nº 4

La mar sola se enternece
viendo las algas danzar,
y entre el coral y los peces
extasiado queda el mar.

Los dos se abrazan.
Bailan los dos.
¿Quién los descubre?
¿Tú mismo o yo?

Aldo no olvida aquellas cosas que de niño le suponían un acertijo, por eso adora las adivinanzas. Nadie le dijo la diferencia entre "la mar" y "el mar"; buscando la respuesta, al cabo del tiempo, nació este poema.

El mar... la mar: fuente de vida, colores, sonidos y misterios; su inmensidad nos fascina y para muchos artistas es motivo de inspiración.

Observa detenidamente "La gran ola de Kanagawa", obra del pintor japonés **Katsushika Hokusai**.

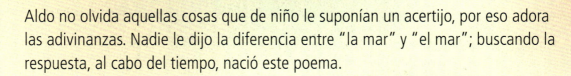

Inspirado en ella, el compositor francés **Claude Debussy** creó su gran obra para orquesta "El mar".

Jugando con las creaciones de otros, los artistas dan lugar a nuevas obras.

Cierra los ojos y escucha atentamente las primeras notas de "Acertijo", es como si las mismas olas mecieran la música. Déjate arrullar por ellas, muévete al son de su balanceo y sumérgete en los colores del mar.

A partir del minuto 0:53 el mar se muestra en toda su inmensidad: siente las olas ahora coloreadas por el sonido del piano; disfruta de un bello instrumento que se pasea majestuosamente evocando una grandiosa criatura marina.

Más adelante, en el minuto 1:50, las olas se vuelven pequeñas y animadas. La mar y el mar bailan un **vals**.

==A través del oído se puede ver el mundo.==

¿Quieres tener en casa el sonido del mar?

El sonido que escuchas al comienzo de la canción es producido por un instrumento que se llama **ocean drum**. Puedes construir uno casero esparciendo varias canicas sobre una cacerola o una sartén grandes. Inclinando cuidadosamente el recipiente, haz rodar las canicas y producirás un sonido similar al del mar. Experimenta con semillas, legumbres y piedras.

Visita este enlace y descubre algo más de la magia del mar.

En este poema, Aldo intenta resolver su propio acertijo, recurriendo a la fantasía.

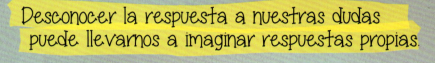

==Desconocer la respuesta a nuestras dudas puede llevarnos a imaginar respuestas propias.==

"Acertijo" nos propone imágenes muy sugerentes que juegan con nuestras sensaciones. Incluso llega a proponernos un juego de **sinestesia**; ésta consiste en mezclar imágenes o sensaciones asociadas a sentidos diferentes. Por ejemplo, "amarillo chillón" o "dulce apariencia". Encuentra las que aparecen en el poema.

El pintor **Vasili Kandinsky** "escuchaba" los cuadros y el compositor **Alexander Scriabin** "veía" la música. Este último ideó un instrumento al que llamó "teclado de colores", con el que pretendía "colorear" la música.

Fascinado por el juego sinestésico que Aldo le sugirió, Hernán se propuso escribir "música de color azul y con sabor a sal". Luna, la intérprete de la canción, "con su voz tibia y aterciopelada, nos acaricia". Siéntelo.

Lee detenidamente este poema "sinestésico" de **Juan Ramón Jiménez** que aparece en el libro "Soledad Sonora":

> Chopos de música verde
> bordean el agua fresca;
> a su sombra y a su música
> el claro arroyo platea.
>
> Plateando va y llorando
> por florecientes praderas,
> salpica las flores, moja
> la tierna y menuda yerba.
>
> Le da a la fronda un espejo,
> y en su remanso gorjean
> los chamarices, mojadas
> las gayas plumas de perlas.

Escoge las imágenes que más te gusten y combínalas con las de "Acertijo" para crear otras nuevas: el "silencio plateado del mar en calma", el "danzante sabor del arroyo"…

Usando estas imágenes, escribe una historia en la que expliques de forma imaginaria y poética algún fenómeno de la naturaleza.

SUSURROS

Pero el viento vino,
volando llegó,
soplando tu nombre,
y me despertó.

Y la luna llena
brillando brilló
y brilla brillando,
tu rostro pintó.

Y un pájaro tonto
silbando silbó
un silbido raro:
¡era una canción!

Pista Nº 5

¿Cantas cuando estás triste? ¿Y cuando sientes alegría? Tal vez cantas mientras pintas, estudias o escribes.

Cantamos para celebrar un cumpleaños, para animar una fiesta, cantamos para hacer más llevadero un trabajo y en algunos países se canta a la tristeza; los magos, hechiceros y **chamanes** cantan para sanar.

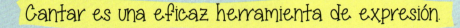

Cantar es una eficaz herramienta de expresión.

Para relajarnos y dormirnos nacen las **nanas**, **arrullos** o **canciones de cuna**, como "Susurros".

¿Qué sentimientos crees que puede transmtir una canción así?

SSSIIIILVIAAA Fíjate en lo que cuentan estos versos. ¿Puede el viento soplar un nombre?

¡Claro que sí! Para crear sólo se necesita tener la imaginación preparada para bailar. Ahora baila tú con las palabras y crea imágenes similares a las empleadas en el poema, visualizando qué podría hacer el viento si entrara volando a tu casa: ¿"reiría riendo" o "saltaría saltando"?

Este sencillo recurso literario se llama **derivación**.

Probemos a hacerlo más complicado y mezclemos: ¿"brillaría silbando" o "saltaría riendo"? ¡¡Qué lío!!

La ternura de una madre, la placidez, la contemplación de una escena feliz… Parece como si Inés y el gran pintor **Joaquín Sorolla** se sintieran fascinados por captar un momento tan delicado como el que nos regalan. Ella se vale de suaves sonrisas y líneas curvas que mecen la escena; Sorolla, como buen **impresionista**, se expresa a través de la luz y el color.

"Susurros" es una nana donde también hay colores; en este caso, musicales.

Escucha a partir del minuto 2:23 hasta el 2:48 y presta atención al piano: podrás apreciar ligeros cambios de color (en música hablamos de **modos mayores** y **menores**) que de alguna manera se parecen a los leves contrastes de la sábana en el cuadro de Sorolla.

En el minuto 0:34 se puede sentir el balanceo que nos describe Inés, y en el 2:49 es posible que la niña de la escena eche a volar en sueños a través de la ventana.

Si sigues observando y escuchando seguro que descubrirás más relaciones entre poesía, música y artes plásticas.

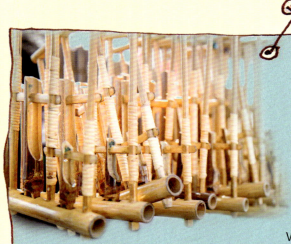

El **angklung** es uno de los instrumentos típicos de los **gamelan** balineses y es utilizado en todo el sudeste de Asia. En esta canción se puede apreciar individualmente, pero suelen tocarse varios a la vez. En "Susurros" evoca el sonido del viento, como si murmurara un secreto acompañando a la cálida voz de Beatriz, nuestra cantante.

Te proponemos escuchar el "Concierto para dos pianos y orquesta" del compositor francés **Francis Poulenc**. Atraído por la música de los angklungs, decidió incorporar a su concierto sonoridades que evocaran el espíritu de estos mágicos instrumentos.

En "Susurros" también podemos disfrutar del piano y sus colores, del enigmático **acordeón** y de la **flauta** que, a veces, "sopla soplando" como el viento, o "silba silbando" como un pájaro.

Los instrumentos musicales suelen asociarse a algunos animales y fenómenos de la naturaleza: el **contrabajo**, al elefante; el **oboe**, al pato; el **clarinete**, al cuco; la flauta al viento y a los pájaros y más adelante, verás cómo los grillos se asocian al violín.

PALABRINVENTOS

Me contaron que Cristina
suele ver por su ventana
a parlanchinas campanas
y tejedoras gallinas.

Cristina visita el cielo
vestida de mariposa
y lo dibuja con rosas
en los giros de su vuelo.

Vuela niña y retoza,
retoza la niña y vuela,
y es un avecilla hermosa,
y es la risa de la abuela.

Una tarde sin sonrisa
Cristina estaba soñando
y pudo ver en la brisa
a un pájaro biciclando.

Pajarito biciclero,
en bicicleta volando,
llegó a sus ojos cantando
de lunas y de luceros.

Pájaro bicivolando,
vuelicantando ligero,
poemas rimipintando,
bicitrinando tequieros.

Los nombres de las cosas tienen un origen diverso: su forma, su sonido, su color, su finalidad… Cuando los desconocemos, inventamos.

Jugar con los errores, los disparates y lo desconocido nos permite renombrar el mundo e incluso crear un mundo propio y mágico.

Aldo conoció a una niña pequeña: Cristina. Un día ella le dijo que había visto "un pájaro biciclando"; así surgió este poema.

Inventa otros verbos siguiendo el ejemplo y juega a colocarlos en un texto que les dé significado:

- Hacer trinos con la bici ----> bicitrinar
- Volar cantando ----> vuelicantar

Y si quieres, puedes ir más allá. Hace muchos años, un escritor cubano, **Mariano Brull**, jugando con los sonidos escribió este poema:

Filiflama alabe cundre
ala olalúnea alifera
alveolea jitanjáfora
liris salumba salífera

No hace falta entenderlo, es una especie de trabalenguas sin significado. Las palabras juegan solas, no tienen otra finalidad.

A esta forma de escribir se le llama **jitanjáfora**. Si te fijas, la palabra jitanjáfora aparece en el poema y gustó tanto al escritor mejicano **Alfonso Reyes** que la tomó como nombre para estos juegos.

Te proponemos que crees tus propias palabras, que busques tus propios sonidos y escribas tus jitanjáforas. Hacerlo en equipo puede ser muy divertido.

¿Y si hacemos "animalinventos"? Si en la **mitología** de diversas culturas encontramos creaciones como la **sirena**, el **grifo** o el *Quetzalcóalt*, podemos diseñar nuestros propios seres fantásticos. En México hay unos muy curiosos que se llaman **alebrijes**.

Para que sea más fácil, dibuja en varias tarjetas partes del cuerpo de animales diferentes, por ejemplo: la trompa de un elefante, el hocico de un cerdo, las patas de una gallina, las patas de un burro, las orejas de un conejo, las orejas de un gato… y repártelas al azar entre tus amigos.

 Dibuja tu animal imaginario con las tarjetas que te toquen y ponle un nombre.

El mundo está lleno de sonidos; aquellos que escuchamos en nuestro entorno, según el compositor canadiense **Murray Schafer**, conforman el **paisaje sonoro**.

Descubre tu paisaje sonoro:

Toma un papel y un lápiz y sal a pasear, solo o acompañado por tus familiares o amigos. Debes estar muy atento y abrir bien los oídos. Anota todos los sonidos que escuches aunque no veas de dónde provienen: el de una puerta que se cierra, el ruido de un motor, un pájaro que canta, la campana de una iglesia, las risas, las voces…

Ahora eres más consciente de tu paisaje sonoro. ¿Cuáles de estos sonidos te gustan y qué sensaciones te provocan?

Si has podido "palabrinventar" y "animalinventar" también puedes "instrumentinventar".

En nuestras canciones hemos utilizado botellas, juguetes, conchas, piedras y hasta una bolsa llena de chapas. Puedes darle nueva vida a muchas cosas que cotidianamente desechamos: latas, tubos o tapones. Como diría la cantautora cubana **Teresita Fernández**: "a las cosas que son feas ponles un poco de amor y verás que la tristeza va cambiando de color".

En la web de **Veleta Roja** encontrarás nuestros instrumentos inventados. Compártenos los tuyos y tal vez los podamos incorporar a nuestras próximas canciones.

RIMIJUGANDO

Aunque parece que riman,
no se baña la araña,
mosquito no come caimito*,
no cocina la gallina,
ni es centinela mi abuela,
ni es ciruela.
Pero es desvelo mi abuelo,
y mi brisa, tu sonrisa,
y confianza, mi esperanza,
y es mi girasol tu sol.

* **Caimito:** fruto tropical de pulpa jugosa y dulce de color morado o verde. Su nombre se lo debe a los primeros habitantes de Cuba.

Pista Nº 7

En "Rimijugando" se pasa de lo absurdo a la ternura, de la risa a lo cómico y de la fiesta al **frenesí**; por eso es la canción más alocada del disco.

Te proponemos jugar con las expresiones de tu rostro:

Intenta encontrar, frente al espejo, un gesto o una mueca para cada una de las sensaciones que te produce esta canción. Inspirándote en la música puedes convertirte en un **caleidoscopio** de expresiones y piruetas; si lo consigues, podrás comunicarte sin palabras: serás un **mimo**.

Haz fotografías de cada uno de los gestos que has conseguido.

Puedes hacer un vídeo, un collage o tu propia colección de emoticonos.

"Rimijugando" es un "palabrinvento". Hay que atreverse a jugar para rimar.

Aldo se valió de dos trucos para rimar en este poema. Utilizó palabras que no tienen una relación aparente: "no se baña la araña" y también construyó imágenes gracias a la varita mágica de la **metáfora**: "y mi brisa, tu sonrisa".

Busca atributos hermosos para las personas que quieras y exprésalos con metáforas. Relaciona entre sí las cosas que te gusten, tengan rima o no, y ve tirando del hilo de las palabras para crear frases que les den un sentido poético.

En "Rimijugando" encontramos diversos personajes: araña, mosquito, girasol, abuela… Inés recrea algunos de ellos y añade otros.

Observa la ilustración detenidamente y verás que aparecen muchos elementos que no tienen nada que ver, sin embargo representan el juego que Aldo realiza con las palabras: ¿una abuela parlanchina que habla con la gallina, un abuelo centinela…?

También hay un acertijo, una frase incompleta. ¿La descubres?

Los girasoles que aparecen en la ilustración y sus tonalidades nos recuerdan al pintor holandés **Vincent Van Gogh** ¿Se habrá inspirado la ilustradora en su obra?

Así como Inés fusiona elementos muy diversos, Carlos, busca algo diferente y se sumerge en el mundo de lo **onírico**.

El sueño y los estados previos a éste siempre han sido fuente de inspiración: parten de nuestra realidad, nos alejan de ella y nos la muestran de otras maneras. **Salvador Dalí**, como todos los **surrealistas**, se sintió atraído por los sueños; a partir de éstos creó su propio mundo de fantasía imaginándose, por ejemplo, relojes blandos.

¿Experimentamos con el sueño? Seguramente te has quedado dormido viendo una película, escuchando música, leyendo un libro, oyendo una conversación, mirando por la ventanilla del coche… Elige un cuaderno para registrar tus sueños y úsalos como inspiración.

==Los sueños son una puerta al mundo de las artes.==

Te proponemos un juego de grupo con un nombre muy curioso: "cadáver exquisito".

Los participantes escribirán por turnos una frase en una hoja de papel. A continuación la doblarán para cubrir la parte inicial de la escritura.

Después la pasarán al siguiente jugador, de manera que cada persona vea únicamente el final de lo que escribió el participante anterior.

Por último, se despliega la hoja y se lee en voz alta la composición.

En muchas culturas africanas existe una estrecha relación entre el sonido de los tambores y el de las palabras. Un ejemplo de esto es el **tama**, un instrumento del África Occidental al que también se le conoce como "tambor que habla". Antiguamente se empleaba para transmitir mensajes de una aldea a otra, se decía que llegaban más rápido que una persona a caballo.

Junto al tama, en "Rimijugando", empleamos el **janggu**, un tambor coreano. Si observas la imagen verás que ambos tienen cuerdas que unen sus parches; éstas se tensan y destensan para modificar el sonido: en el janggu se hace antes de la ejecución y en el tama, durante la misma. Para lograr que estos instrumentos dialoguen entre sí, hemos tocado el segundo con la técnica del primero.

Escucha a partir del minuto 2:35. En este momento, junto al janggu y al tama, podemos escuchar las voces, las **kalimbas**, el **gongoma** y los **tambores batá**. Este revoltijo de diferentes capas se llama **polirritmia**.

Aldo recuerda que de niño, bajo la atenta mirada de algún adulto, se tomaba de las manos con sus amigos y amigas haciendo una **ronda**, círculo o corro. Juntos cantaban canciones que, desde hacía muchos años, venían pasando de boca en boca. Eran casi siempre alegres y algunas proponían **secuencias** de gestos y movimientos relacionados con la letra.

¿Te suena de algo la frase "que sepa coser, que sepa bordar"? Pertenece a una ronda muy conocida. Aldo juega con ella y la parafrasea para hacer una variación: "no sabe coser, no sabe bordar".

Pide a alguna persona mayor que te cante una canción de cuando era niño y que te enseñe cómo jugaba con ella.

Luego toma de ésta algún verso o estrofa que te guste y modifícalo para hacer tu propia ronda.

Muéstrale el resultado a quien te la enseñó, seguro que le encantará.

Esta canción es un homenaje a nuestros mayores: nuestros abuelos y abuelas nos enseñan muchas cosas, incluso a jugar.

¿Cómo? ¿Una abuelita saltando y corriendo por las escaleras? Espera, son escaleras musicales, no pasa nada.

Mira estos dibujos y las sílabas que hay en cada peldaño.

Si escuchas bien los comienzos de las tres primeras frases de "Ronda vieja", descubrirás que coinciden con estos tres grupos de escaleras. Aquí están desordenados, numéralos tú según aparecen en la canción.

Una **melodía** es como subir o bajar escaleras: unas veces va un escalón tras otro y otras saltando uno o varios peldaños. Por esta similitud, en música, hablamos de **escala**; cada tramo que subes o bajas se llama **intervalo**. Si saltas tres escalones es un intervalo de **tercera** y si son siete, de **séptima**.

No siempre los tramos de una escalera musical son iguales. Los músicos, como albañiles, empezaron a construir escalones de diferentes tamaños consiguiendo pequeñas diferencias entre los intervalos: **mayores**, **menores**, **justos**, **disminuidos** y **aumentados**.

Algunos de estos intervalos recibieron "apodos" basados en las sensaciones que producían en los músicos: la **sexta menor**, la del amor; la **quinta justa**, la de la caza; y la **cuarta aumentada**, la del diablo.

En "Ronda vieja" escuchamos el tintineo de las **kalimbas** (derecha) y el *gongoma* (izquierda). Ambos instrumentos están construidos bajo el mismo principio sonoro. Podríamos decir que el gongoma es una kalimba gigante o la kalimba un gongoma pequeño.

No tienen mucho protagonismo en la canción, ayudan a decorar la música que escuchas. En "Ronda Vieja" y "Rimijugando" funcionan como un esmalte que da un especial relieve a la música. Algo similar hacían los **pintores flamencos**: empleaban capas de barnices y colores para lograr más profundidad en sus cuadros.

AMOR

Un grillo amarillo,
llamado Pepín,
por una guitarra
cambió su violín.

Canta por la noche
con mucho candor
a Yiya la grilla
¿será trovador?

Y la luna llena
desde su balcón
los mira y suspira:
¡Qué linda canción!

Pista Nº 9

¿Alguna vez has visto un grillo amarillo?

¿Eres capaz de imaginarlo tocando la **guitarra** o el violín?

En la literatura y en la tradición oral suelen atribuirse comportamientos humanos a objetos y animales; se conoce como **personificación** y gracias a este recurso un burro puede ir vestido con corbata y bastón, las cacerolas y un reloj pueden hablar entre sí o un grillo es capaz de tocar el violín.

Este insecto tan popular realmente no toca el violín, sólo frota sus patas al igual que un violinista lo hace con las cuerdas de su instrumento. El grillo macho emite este sonido para llamar la atención de la hembra: son estas pequeñas semejanzas las que ayudan a construir similitudes entre los animales, los humanos y los objetos.

¿Qué otros ejemplos se te ocurren? ¿Qué instrumento le darías a una vaca? ¿Qué sentimientos expresaría una vieja y olvidada silla?

Este poema trata sobre el romance entre Yiya y Pepín, por eso se llama "Amor". Aldo cambió el violín por una guitarra imaginando un **trovador** enamorado que cantaba bajo la atenta mirada de la luna.

A partir de esta historia, Carlos creó otra en la que el grillo perdía una pata y, a pesar de ello, seguía bailando a la luz de la luna compartiendo la alegría con su amada.

¿Puede haber otras razones para que Pepín cambiara su violín por una guitarra? Aprovecha tu imaginación y escribe una **versión** propia.

La historia romántica de los grillos se convierte, al final de la canción, en una fiesta. Pepín y Yiya bailan al son de una música con aires brasileños.

Para imitar la manera de andar de Pepín el ritmo propone un **compás** especial. Este compás se llama **irregular** o de **amalgama** y lo podemos encontrar en algunos bailes folclóricos como el **merengue venezolano**, el *zortzico* vasco o el *horo* de los Balcanes.

Intenta bailarlo y compruébalo. Si se te han enredado los pies, escucha la canción en el minuto 4:36, después del diálogo entre Yiya y Pepín. Presta atención a este esquema:

1 2 1 2 3 1 2 1 2 3

Apoya el pie izquierdo en el rojo y el derecho en el amarillo; en el verde da una palmada. Siente la música e imita la cadencia de Pepín al andar.

Así como los grillos producen sonidos para comunicarse, las aves se relacionan a través de su canto.

Una de las aves que aparece en las imágenes canta en un compás irregular como el de nuestra canción. Si vas a un lugar un poco retirado de la ciudad podrás verla y escucharla.

¿De cuál de estos pájaros se trata?

El abejaruco

La tórtola turca

El jilguero

Seguimos coleccionando sonidos para tu paisaje sonoro.

El compositor francés **Camille Saint-Saëns** en su obra "Carnaval de los animales" introdujo un movimiento al que llamó "Personajes de largas orejas", imitando el sonido de los burros. Carlos, sin embargo, siempre sintió que eran conejos saltarines. En "Amor", reutilizó estos sonidos con el fin de dar vida a Yiya y a Pepín.

Una misma música puede sugerir personajes y ambientes muy diferentes.

Escucha "Personajes de largas orejas" y "Amor" en los minutos 00:58, 01:11 y 02:16. ¿Qué te sugiere?

Esta canción mezcla los elementos a los que hemos hecho referencia con la riqueza rítmica de la percusión brasileña. Los instrumentos que escuchas se utilizan para interpretar la **samba**, de la cual derivan los grupos llamados **batucada**. Para generar la sensación de algarabía de una fiesta de grillos hemos empleado el *berimbau*, un instrumento proveniente de África y desarrollado en Brasil, donde está asociado a la lucha acrobática *capoeira*.

RONDA

El caracol y la ola,
la caracola y el sol,
extraña ronda que cantan
y yo no sé cuántos son.

¿Caracol o caracola?
¿Cuántos juegan?
¿Cuántos son?

Sé que bailan en la ola,
sé que brillan con el sol.
Caracol o caracola
en la arena y en el sol.

¿Caracol o caracola?
¿Por fin, es uno o son dos?

Pista Nº 10

Cuando era pequeño, Aldo no conocía la diferencia entre un caracol y una caracola. En Meneses, su pueblo, hablaban de "caracoles" en plural y él creía que eran una misma especie, al igual que "gato" y "gata" o "pato" y "pata".

En este poema Aldo juega con su confusión: ¿caracol o caracola?

==A veces sólo nos fijamos en las diferencias de las cosas. ¿Qué pasaría si miráramos aquello que tenemos en común?==

Las caracolas y los caracoles siguen un patrón en forma de espiral; los girasoles, piñas, remolinos, huracanes o galaxias, también. Detrás de todas estas formas, aparentemente caprichosas, se encuentra una secuencia matemática llamada **sucesión de Fibonacci**; se obtiene comenzando por los números 0 y 1; cada número de la secuencia es el resultado de la suma de los dos que le preceden:

0+1= 1   1+1= 2   2+1= 3   3+2= 5 …

¿Continúas?

Las rondas se cantan y se bailan dando vueltas alrededor de un punto imaginario; nos transmiten una sensación de ida y vuelta, como las olas, como el viento, como una espiral: esa forma mágica que te enreda y te atrapa…

Hernán jugó con la pregunta de Aldo repitiéndola en voz alta varias veces seguidas: "caracol o caracola caracol o caracola caracol o caracola…". Cambió el volumen de su voz, **aceleró** y **retardó** la velocidad y empezó a construir espirales musicales: la canción está repleta de ellas. ¡Encuéntralas!

También recuerda a una espiral este instrumento que te invitamos a conocer; fíjate cómo están dispuestas las notas sobre su superficie. Su nombre es **steel drum** o **steel pan**, un tambor de acero originario de Trinidad y Tobago. Desde el comienzo de la canción dibuja una melodía como la forma que se repite en toda la ronda. Esta melodía está compuesta en una escala muy peculiar, se llama **pentatónica** y es común a muchas culturas **ancestrales**: ¡es también una espiral!

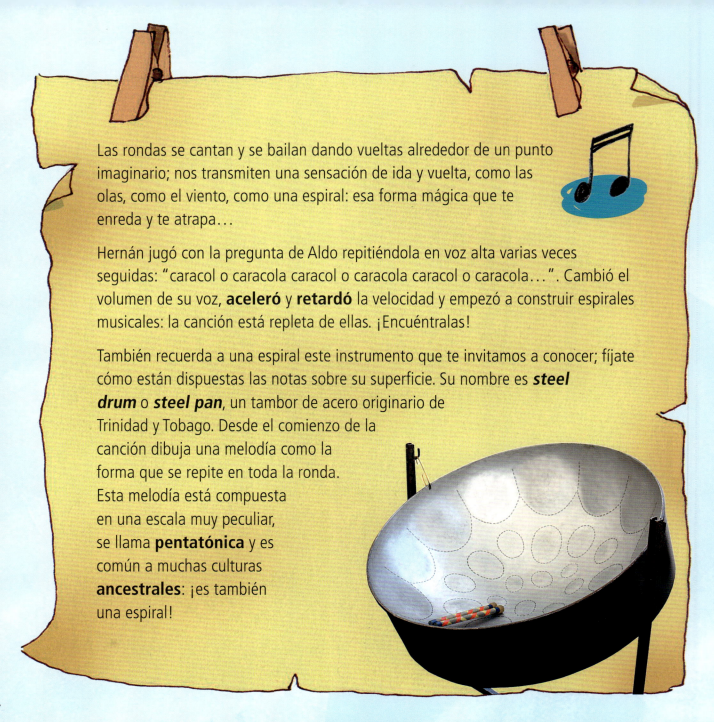

Prueba a cantar o tocar las notas de esta escala pentatónica:

Siente cómo el acompañamiento del piano no deja de dar vueltas. A este juego se suman la voz de Silvia y las melodías del **bajo**; entre todos tejen un encaje de sonidos como el susurro que canta en el interior de una caracola.

Presta atención ahora al minuto 2:04, la música da un giro muy grande: la frase "sé que bailan…" pierde su sentido y, usando alguna de sus sílabas, se transforma en **ritmo**. Así prepara la llegada de **Kilema**, un gran artista de Madagascar que enriquece la canción con la siguiente frase:

> ***Akorandriake, akorandriake, akorandriake, an-dranomasy am-pasiky foty e***

¿Será una jitanjáfora?

En el minuto 2:44 se produce una fiesta en la que todos los ritmos y melodías suenan a la vez y cantan juntos el coro de **Veleta Roja**, el coro **Mansil Nahar** y el coro **Malagasy Gospel** de Madagascar.

Déjate llevar por la propuesta sonora y rítmica de la canción, escúchala varias veces. Finalmente intenta dibujar tus sensaciones con varios colores y formas.

Todos hemos jugado alguna vez a repetir una palabra sin parar. ¿Lo has probado con alguien más y diciendo cada uno palabras diferentes?

¿Recuerdas la polirritmia? Así surge este juego.

Repetiremos varias veces las palabras "pájaro" y "pato". Éstas tienen diferentes longitudes, pero están acentuadas en su primera sílaba; observa el cuadro y descubre cuándo vuelven a coincidir los acentos. Matemáticamente lo harán cada 6 sílabas. ¡También hay números en la música, y música en los números!

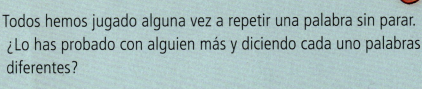

Probad a sustituir las sílabas de cada palabra por golpes en diferentes partes del cuerpo, por ejemplo:

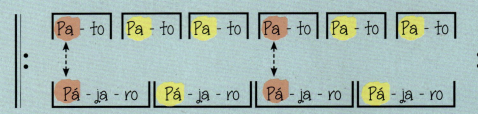

Además de crear una polirritmia, estáis haciendo música con vuestro cuerpo. ¿Sólo es ritmo o también es baile?

"Canciones y Palabras" fusiona y recrea muchos elementos comunes a los seres humanos: música, poesía, juego…

La música que escuchas nace de instrumentos de varios rincones del mundo, hace referencia a diferentes épocas, estilos y tradiciones. La música y el arte son nuestro medio más universal de comunicación.

Te desvelamos un último secreto: este libro también es una espiral, es una mezcla de juegos e ilusiones, de saberes y ganas de aprender; un abrazo de culturas y talentos. Puedes empezarlo por donde quieras. Recréalo, reinvéntalo: sé el protagonista.

Cada vez que te acerques a **"Canciones y Palabras"** descubrirás algún color o sonido nuevo, una metáfora diferente; los juegos te abrirán caminos y horizontes desconocidos. Tu imaginación no tiene límites y, a medida que crezcas, nacerán nuevas inquietudes.

Todo cambia, todo se mezcla para embellecer la vida; por eso mirar el mundo a través de los ojos del arte te hará un ser humano pleno y más libre.

CRÉDITOS MUSICALES

1 • Juego (3:50)
Voces: Silvia A. Fernández, Elisa Cano y Cecilia Cano
Coro Veleta Roja
Trompeta: Manuel Machado
Málaga Brass Quintet
Cuarteto Quiroga
Piano: Hernán Milla
Contrabajo: Iván Ruiz
Silbidos de Pájaros, Pitos, Reclamos de Búho y Ranas: Carlos Cano
Congas, Claves, Güiro, Platos, Caja y Árbol de Campanas: Kiki Ferrer

2 • Canto (5:06)
Voces: Irene Barrios, Elisa Cano, Ana M. Gómez, Muna Aliseda, Nejat Aliseda y Cecilia Cano
Coro Veleta Roja
Violín: Ana M. Valderrama
Flautas de Pico Sopranino y Soprano: María del Ser
Violonchelo: Ignacio Morales
Clavecín, Teclados y Ocean Drum: Hernán Milla
Pandereta y Triángulo: Juan A. Cañizares
Árbol de Campanas y Cortinas: Kiki Ferrer
Bodhran: Carlos Cano
Diálogos de Niños: Lucas y Claudia Jiménez

3 • Concierto (3:30)
Voces Líricas: Soprano: Sandra Redondo, Tenor: Ángel Walter, Barítono: Mario Villoria
Coro Veleta Roja, Coro Mansil Nahar
Piano: Óscar Román
Cuarteto Quiroga
Plato: Juan A. Cañizares
Campanas Tubulares: Carlos Cano

4 • Acertijo (4:03)
Voz: Luna Martín
Corno Inglés: Pablo Iglesias
Acordeón: Naiara de la Puente
Violonchelo: Helena Poggio
Piano, Ocean Drum y Windchimes: Hernán Milla

5 • Susurros (4:20)
Voz: Beatriz Jiménez
Flautas: Carlos Cano
Acordeón: Naiara de la Puente
Piano y Angklungs: Hernán Milla

6 • Palabrinventos (4:25)
Voces: Muna Aliseda, Nejat Aliseda, Silvia García y Silvia A. Fernández
Coro Veleta Roja, Coro Mansil Nahar
Flautas, Cajón por Soleá, Timbres de Bicicleta: Carlos Cano
Piano y Clavecín: Hernán Milla
Bajo Eléctrico: Iván Ruiz
Cajón Flamenco, Udús, Tama, Puili, Shakers, Botella Raspada, Botellófono y Bolsa de Chapas: Kiki Ferrer

7 • Rimijugando (3:50)
Voz: Ana M. Gómez
Voces Étnicas: Kilema
Juegos Vocales: Carlos Cano y Hernán Milla
Coro Veleta Roja
Violonchelo: Ignacio Morales
Piano: Óscar Román
Kalimbas, Gongoma, Tama, Janggu, Cencerro Agudo, Jam Bells LP y Sonajas: Carlos Cano
Tambores Batá (Okónkolo, Itótele e Iyá), Chekeré y Cencerro Grave: Kiki Ferrer

8 • Ronda Vieja (4:59)

Voces: Cecilia Cano, Elisa Cano, Ana M. Gómez y Silvia A. Fernández
Coro Veleta Roja
Valiha: Kilema
Piano, Teclados, Crótalos Tibetanos, Campanas de Baqueta: Hernán Milla
Bajo Eléctrico: Iván Ruiz
Kalimbas y Gongoma: Carlos Cano
Tambores Batá (Okónkolo, Itótele e Iyá), Calabaza, Maracas, Platos y Cortinas: Kiki Ferrer
Triángulo: Juan A. Cañizares

9 • Amor (5:59)

Voces: Silvia A. Fernández e Irene Barrios
Coro Veleta Roja y Coro Mansil Nahar
Violines: Gladys Silot
Guitarra Española: Dayan Abad
Teclados: Hernán Milla
Bajo Eléctrico: Iván Ruiz
Percusión Brasileña Meinl (Berimbau, Agogós, Cabasa, Rebolo, Pandeiro, Tambourim, Guayo, Bacurinhas, Caixas, Timbaus y Surdos), Shakers, Cochecito de Juguete y Efectos: Inor Sotolongo
Diálogos Pepín y Yiya: Aldo J. Méndez y Alicia Alén
Diálogos de Niños: Lucas y Claudia Jiménez

10 • Ronda (3:23)

Voces: Silvia García, Beatriz Jiménez, Silvia A. Fernández
Voces Étnicas, Marovany y Kaiamba Rano: Kilema
Coro Veleta Roja, Coro Mansil Nahar y Coro Malagasy Gospel
Piano, Ocean Drum, Daf y Vibraslap: Hernán Milla
Tres Cubano y Guitarra Acústica: Dayan Abad
Bajo Eléctrico: Iván Ruiz
Flautas Renacentistas en Sol y en Re, Caracola, Steel Drums, Cajón por Bulerías y Agogós de Parches Remo: Carlos Cano
Udús, Tom, Kaiamba Rano, Tsikadraha, Piedras Golpeadas y Conchas Raspadas: Kiki Ferrer
Plato: Juan A. Cañizares
Tam Tam: Fernando Favier
Diálogos de Niños: Lucas y Claudia Jiménez

CORO VELETA ROJA: Silvia A. Fernández, Beatriz Jiménez, Irene Barrios, Silvia García, Ana María Gómez, Luna Martín, Muna Aliseda, Nejat Aliseda, Elisa Cano y Cecilia Cano.

CORO MANSIL NAHAR: Dirección: Francisco J. Román. Apoyo: Nuria Calero.

CORO MALAGASY GOSPEL DE MADAGASCAR: Dirección: Volanjary Madio Hélène (Fundación Agua de Coco).

ASISTENTE DE DIRECCIÓN DE COROS Y ASISTENTE DE PRODUCCIÓN: Pablo Iglesias.

MÁLAGA BRASS QUINTET: Trompetas: Antonio Vera y Alejandro Gómez. Trompa: Rubén Vera. Trombón: Enrique Torralvo. Tuba: Juan Manuel Cornejo.

CUARTETO QUIROGA: Violines: Aitor Hevia y Cibrán Sierra. Viola: Josep Puchades. Violonchelo: Helena Poggio.

TÉCNICOS DE AUDIO: Ángel Aguiar, Iván Ruiz, Javier Monteverde, Manolo Toro, Dayan Abad, Ville Pulkkanen, Javier Iglesias y Mónico González.

MEZCLA Y MASTERIZACIÓN: Ville Pulkkanen.

ESTUDIOS Y LOCALIZACIONES: Alam Records (Madrid), Cezanne Producciones (Madrid), Puerto Records (Málaga), Casa de la Juventud (Ayto. Ciudad Real), Auditorio Manuel de Falla (Conservatorio de Ciudad Real) y Gran Teatro de Manzanares.

Canciones y Palabras es una producción de Veleta Roja (2015)
www.veletaroja.org

Patrocinadores

Colaboradores

Apoyo técnico y artístico

Mecenas

África, Ángeles, Conchi y Antonio / Ainhoa Sukia / Alejandra Cárdenas Núñez / Alice Danaus Plexippus / Alicia Alén Novás / Amparo Yodar Jiménez / Ana María Jara López / Antonio Mogort / Antonio Vílchez Fernández y María J. García Pérez / Arguerto / Asociación Civil CLEAC (México) / Aurora Siles Romero / Azahara y Fran / Bárbara Díaz Pintado / Beatriz Fe Jara López / Belén y Alejandro Blasco Monedero / Belén y Marta / Betita Sirante / Camilo Nunez de Villavicencio / Carmen Estrada / Carmen Zarza Verdugo / Carolina Choquesillo Alarcón / Clara Marina Hopkins Calvelo / Clio Ferraris Santana / Conchi García Rincón / Coralia Rodríguez / Cristina Diez de Oñate / Cristina e Irene Díaz de la Fuente / Cristobalpr63 / Danay Valenzuela Rodríguez / Daniela, Inés, Julia, Matías G., Matías M. y el bebé / David Martín García-Saavedra / Edu y Gloria Fernández / El Luíh / Elena Díaz / Elena Garrido Culebras / Elisa Escribá March / Elsa Krasniqi Biencinto / Emosons / Eric y Elsa / ESSIP-MundoMayor / Facultad de Educación de Ciudad Real / Familia Raigón Mínguez / Félix y Aurelia / Fernando e Irene / Fernando Martín-Peñasco Osorio / Francisco, Mercedes, Rebeca y Alba / Gema Fernández / Go y Ga / Hazell Santiso Águila / Helena e Inés Musso Naveiro / Hilario Fernández Marfil / in-nova / Irene Sánchez González / Iria Bernaza Brito / Isabella María León / Ivonne Gamboa / Jesús Mora López-Almodovar / Josefa Montiel Moreno / Juan José Mudarra / Juan José Pastor / Juanma / Judith de los Reyes / Julieta Manzano Pulgar / Julieta y Nicolás Méndez Esteban / Jurogusa / Kensington School (Madrid) / La Comunidad del Buen Comer / Laura Delegido Lara / Lázaro y Enrique / Leonardo Pizzolante / Libe / Lourdes San Andrés / Lucas Gómez Redondo / Lucía Cañizares Ruiz / Luisa y Alfredo Bonilla Picher / Mª Ángeles Blázquez / Mª Antonia Martín y Mariano Alcantarilla / Mª Paz de la Guerra / Maco / Maite García / Marc Antoni Mas / Margarita Jiménez / María José Arjona / Mario Fernández / Mario H. / Mauro Fernández Huici / Miguel Ángel Maroto Negrete / Nicolás y Carmen / Nicolás y Celia / Nuria Calero / Oscar Román / Oscar-Elisa / Pablo Jiménez / Pablo Sánchez / Pablo y María / Patricia Sánchez Costa / Paula, Sergio, Jon y Mikel / Pilar Álvarez / Ramón Vidal / Raquel Villanueva Carretero / Rosa, Sergio y Daniel / Rubén y Jimena / Sara / Sonia Lucas / Sonríe África / Sonrisas Musicales Granada / Susana Ratón Varela / Tetería Pachamama / Tomás y Tomasa / Verónica Rodríguez Aragón / Victor Plaza / Victoria García Túnez.